Commandant P. DEFRASSE

L'ATTAQUE BRUSQUÉE

DES PLACES FORTES

ET

LA TENTATIVE DE VIVE FORCE DES JAPONAIS

CONTRE PORT-ARTHUR

Avec deux planches

BERGER-LEVRAULT & Cie, ÉDITEURS

PARIS | NANCY
Rue des Beaux-Arts, 5—7 | Rue des Glacis, 18

1909

Prix : 2 francs

Commandant P. DEFRASSE

L'ATTAQUE BRUSQUÉE
DES PLACES FORTES
ET
LA TENTATIVE DE VIVE FORCE DES JAPONAIS
CONTRE PORT-ARTHUR

Avec deux planches

BERGER-LEVRAULT & Cie, ÉDITEURS

PARIS | NANCY
Rue des Beaux-Arts, 5–7 | Rue des Glacis, 18

1909

(Extrait de la *Revue militaire générale*)

L'Attaque brusquée des Places fortes
ET LA
TENTATIVE DE VIVE FORCE
DES JAPONAIS
CONTRE PORT-ARTHUR

Les places fortes modernes ont été organisées principalement en vue de maîtriser les lignes de chemin de fer indispensables aux armées qui voudraient envahir un pays pour assurer les ravitaillements de toutes sortes qu'exigent les effectifs actuels.

Leur présence est susceptible de causer des retards et des difficultés tels que nombre d'auteurs ont proposé des moyens variés pour éviter l'obligation et les lenteurs d'un siège régulier.

Les dernières guerres européennes n'ayant présenté aucun exemple de ce genre, les partisans et les détracteurs de l'attaque brusquée contre les places fortes ont cherché des raisons à l'appui de leur thèse dans l'attaque de vive force dirigée par les Japonais les 20 et 21 août 1904 contre Port-Arthur. Tandis que l'état-major allemand conclut de l'étude à laquelle il s'est livré ([1]) que les combats de ces deux jours paraissent de nature à justifier l'emploi plutôt que le rejet de tentatives analogues, un autre auteur allemand, le lieutenant-colonel de Frobenius, dans les *Jahrbücher für die deutsche Armee und Marine*, a combattu très vivement ces conclusions.

([1]) *Kriegsgeschichtliche Einzelschriften*, Heft 37/38.

La question est d'importance, car la solution qui lui sera donnée aura une répercussion peut-être décisive sur la marche de la campagne; elle vaut donc la peine d'être discutée.

Dans ce qui va suivre, nous nous proposons :

1º D'exposer l'état de l'attaque et de la défense au moment où fut effectuée l'attaque japonaise des 20 et 21 août contre Port-Arthur;

2º De rapporter les appréciations émises et les conséquences qui en ont été tirées par les partisans des doctrines opposées;

3º Les conséquences qui paraissent résulter de l'étude ainsi faite et, comme conclusion, la manière dont l'attaque brusquée contre une grande place forte doit être comprise et préparée pour avoir des chances de succès.

Nous nous bornons à l'étude des attaques des 20 et 21 août, parce que les assauts livrés plus tard, fin septembre et fin octobre, sont des épisodes du siège régulier et ne rentrent pas dans la question qui nous occupe.

I

L'ATTAQUE DES 20 ET 21 AOUT 1904
CONTRE PORT-ARTHUR

La place. Son organisation. Sa garnison. Son armement. — Port-Arthur fut organisé en port de guerre vers 1890 par le gouvernement chinois. En 1894, au moment de la guerre sino-japonaise, le front de mer était déjà assez sérieusement armé mais ne fut pas attaqué; par contre, le front de terre, mal défendu, fut attaqué par la 1ʳᵉ division et la 12ᵉ brigade japonaises, sous les ordres du général Oyama qui s'empara des ouvrages et de la ville en deux jours.

A la paix de Schimonoseki, le Japon rendit la ville à la Chine.

Au début de 1898, la Chine cédait à bail à la Russie la place de Port-Arthur qui allait devenir le grand port militaire russe sur l'océan Pacifique et recevoir une défense complète, aussi bien sur le front de terre que sur le front de mer.

Le projet établi pour la construction des forts et batteries reçut l'approbation impériale au mois de janvier 1900, mais, en raison de l'insuffisance des crédits alloués, l'organisation de la place fut assez lente et elle était encore très incomplète au moment de l'ouverture des hostilités.

La forteresse est naturellement divisée en deux secteurs profondément séparés par la coupure du Lounho entre le port et Souichiyng, l'un à l'est, l'autre à l'ouest du ruisseau.

La cuvette de Souichiyng a une grande importance parce qu'elle contient les bassins d'alimentation de la ville en eau, et aussi parce que c'est là que viennent aboutir toutes les communications de la ville avec la presqu'île du Kouan-Tung. Au nord-est, et à une distance de 2 à 4 kilomètres de la ville, s'élève en pentes raides une double arête de hauteurs séparées par une dépression intermédiaire qui s'étend de la vallée du Lounho à la baie de Taho et tombe à pic sur les deux.

La crête la plus voisine de la ville est marquée par la Grande Montagne et la hauteur 182, la plus éloignée par la hauteur Dangereuse et le Grand Nid d'Aigle.

La ligne principale de défense avait ses ouvrages répartis sur les éperons étagés de la plus éloignée des deux crêtes.

Au nord et à l'est, le terrain tombe rapidement sur la plaine. Au nord, celle-ci est dominée par la défense jusqu'à plus de 4 kilomètres ; à l'est, les vues sont beaucoup plus limitées par suite de la présence du Siao-kou-Chan, du Takouchan et des hauteurs voisines.

A l'ouest du Lounho, Port-Arthur est entouré de plusieurs rangées de hauteurs qui s'élèvent en s'éloignant de la place.

Une première ligne de hauteurs marquées par la colline Dentelée et la cote 141 dominait la nouvelle ville immédiatement à l'ouest et portait les ouvrages permanents (forts IV et V et batteries intermédiaires).

Ces ouvrages sont dominés par une chaîne plus éloignée dont les sommets (la colline de l'Angle, la Grande Montagne et la Haute Montagne) avaient reçu des fortifications passagères organisées de manière à bien battre les intervalles.

Sur les fronts est et nord-est, l'artillerie de l'attaque trouvait derrière les hauteurs faisant face à la place de bonnes positions de batterie avec des communications défilées; l'attaque éloignée se présentait donc dans de bonnes conditions.

L'attaque rapprochée rencontrait partout un terrain difficile.

Au moment de l'investissement, la garnison de Port-Arthur se trouva comprendre :

1° La garnison proprement dite sous les ordres du général Smirnow, laquelle se composait de :

La 7ᵉ division des tirailleurs de la Sibérie orientale (général Kondratenko, 4 régiments);

La 7ᵉ brigade d'artillerie des tirailleurs de la Sibérie orientale;

Une batterie de 57^{mm} à tir rapide;

Une batterie de sortie;

Trois batteries à pied;

Les bataillons d'artillerie de forteresse n°s 1, 2 et 3;

Un parc d'artillerie de forteresse;

Une section de télégraphie;

Une compagnie de mineurs et une de sapeurs de forteresse;

Les bataillons de remplacement 3 et 7;

2° La plus grande partie des troupes qui avaient constitué le corps de la presqu'île du Kouan-Tung, sous le général Stœssel, et qui, coupées de l'armée d'opérations, s'étaient repliées vers la place.

Ces troupes comprenaient :

La 4ᵉ division (4 régiments) des tirailleurs de la Sibérie orientale (général Fock);

La 4ᵉ brigade d'artillerie des tirailleurs de la Sibérie orientale, une sotnia de cosaques;

3° Le 5ᵉ régiment de tirailleurs de la Sibérie orientale;
Une batterie de la 2ᵉ brigade d'artillerie;
Des tirailleurs de la Sibérie orientale;
Des fractions du 4ᵉ bataillon des chemins de fer de l'Amour et de la 4ᵉ brigade de frontière.
} Appartenant normalement au IIe corps d'armée sibérien.

Comme le commandement de la place avait été précédemment subordonné au général Stœssel, celui-ci eut le commandement de toutes les troupes de la garnison.

D'après les documents russes officiels, ces troupes auraient eu les effectifs suivants :

	OFFICIERS	HOMMES DE TROUPE	CHEVAUX
États-majors	105	522	521
Infanterie	470	28 265	2 031
Cavalerie	6	165	176
Artillerie de campagne	54	2 298	1 663
— de forteresse	75	3 960	552
Troupes techniques	16	434	11
— de remplacement	52	2 600	46
Total	778	38 244	5 000

Ces chiffres étant d'une date antérieure à l'investissement devraient être diminués des pertes subies dans les combats qui le précédèrent immédiatement.

Ces pertes furent compensées par les hommes de renfort que la marine fournit aux batteries de côte et ensuite aux batteries de la place ; leur nombre alla en augmentant et atteignait 8 000 hommes à la fin du siège. L'infanterie était proportionnellement très forte ; elle était excellente. La cavalerie n'existait pour ainsi dire pas.

L'artillerie de forteresse était beaucoup trop faible ; elle suffisait juste à l'occupation des batteries de côte et des ouvrages, sans pouvoir assurer de relève.

Les troupes techniques étaient aussi très insuffisantes.

État de la forteresse sur les fronts de terre. — La ligne des forts n'était qu'à une distance de 3 à 5 kilomètres du port, qui était exposé dès le début au tir des canons de gros calibre. A l'est du Lounho, la position présentait une suite d'étages qui pouvaient être en partie flanqués ou protégés de l'arrière ; c'est dans cette partie que les travaux d'organisation étaient le plus avancés et que se trouvaient les principaux ouvrages permanents, complétés par des batteries et des ouvrages d'infanterie qui étaient reliés par des tranchées et protégés en avant par des réseaux de fils de fer.

Sur les sommets en arrière de la ligne principale, on avait organisé des batteries et redoutes pour soutenir les ouvrages en avant et offrir une position de repli après l'enlèvement de la première ligne.

A l'ouest du Lounho, l'organisation était beaucoup moins avancée ; il n'y avait pas de ligne continue ; les hauteurs avaient été organisées défensivement, de manière à battre les intervalles.

Les abris dans les ouvrages permanents étaient en béton, mais leur épaisseur était insuffisante pour résister aux projectiles de gros calibre.

Le terrain rocheux donnait une grande solidité aux ouvrages, mais il produisait des angles morts qui ne pouvaient être battus que par les ouvrages voisins ou par des tranchées établies spécialement.

Les réseaux de fils de fer avaient été multipliés; mais leur largeur était en général trop faible et les piquets n'étaient pas toujours suffisamment fixés.

Armement sur le front de terre. — Il comportait des calibres nombreux et était réparti de la manière suivante :

DÉSIGNATION DES CALIBRES	FRONT EST	FRONT NORD-EST	FRONT NORD-OUEST
Canons de campagne	»	40	17
Hotchkiss de 47^{mm}	»	34	1
Canons à tir rapide de 54^{mm}	»	5	2
— de 7^{cm}5 de la marine	»	10	10
— de 10^{cm}5	»	11	4
— de 12^{cm}	»	1	7
— de 12^{cm} de la marine	»	1	»
— de 15^{cm}	»	3	28
— de 15^{cm} de la marine	2	7	»
— de 19^{cm}	»	2	»
— courts de 15^{cm}	4	12	»
Mortiers de campagne de 15^{cm}	»	3	2
— de 28^{cm}	»	4	»
	6	133	80
			Plus une batterie à redan de 10 canons de petit calibre de la marine.

Cette artillerie ne comprenait que quatre pièces de gros calibres, les seules vraiment modernes; ces quatre pièces réunies en une batterie infligèrent des pertes sérieuses aux Japonais et luttèrent jusqu'à la fin du siège.

Par contre, il y avait un trop grand nombre de pièces de petits calibre et, parmi les autres des calibres moyens, pas mal étaient de modèles anciens.

L'approvisionnement en munitions était de 250 coups par pièce.
L'artillerie était donc faible au point de vue du nombre de pièces, des calibres et de l'approvisionnement en munitions.

Les batteries étaient en grande majorité organisées pour le tir direct, ce qui facilitait le tir de l'assaillant.

L'artillerie avait cependant une action sérieuse sur l'attaque rapprochée des ouvrages avancés, et, en raison de la division des batteries construites dans ce but, il était difficile à l'attaque de les détruire complètement.

L'armée de siège japonaise. — Commandée par le général Nogi, elle comprenait la 1re, la 9e et la 11e divisions, les 1re et 4e brigades de réserve, la 2e brigade d'artillerie de campagne et une artillerie de siège dont la composition d'abord incomplète s'augmenta peu à peu pour comprendre, au moment de l'assaut des 20 et 21 août, les pièces des calibres suivants :

24 mortiers de 9cm;
4 canons de 10cm;
30 canons de 12cm;
28 obusiers Krupp de 12cm;
72 mortiers de 15cm;
16 obusiers Krupp de 15cm.

L'effectif normal des divisions japonaises était d'environ 14 000 hommes, celui des brigades de réserve de 6 000 à 8 000 hommes.

Chaque division avait un bataillon de pionniers à trois compagnies; en outre, un bataillon de pionniers de landwehr était à la disposition du général en chef.

L'effectif total était compris entre 50 000 et 60 000 hommes, plus l'artillerie à pied; mais après les assauts des 20 et 21 août qui coûtèrent 14 000 hommes aux Japonais, cet effectif se trouva extrêmement réduit et l'attaque n'avait momentanément sur la défense qu'une supériorité numérique à peine sensible.

Le service des étapes à qui allait incomber une lourde tâche fut bien organisé et largement pourvu; l'arrivée des munitions subit, malgré tout, à certains moments, des retards imputables aux difficultés du terrain et des communications en arrière.

Après des opérations que nous ne rappellerons pas ici, l'armée japonaise se mit en marche, le 26 juillet, des positions qu'elle occupait depuis un certain temps à 20 kilomètres de Port-Arthur, pour rejeter les Russes dans la place ; le 30 l'investissement était terminé ; les Russes ne possédaient plus comme poste avancé que le Takouchan qui pouvait recevoir une protection des batteries de la place.

Choix du point d'attaque. — Le point d'attaque choisi fut le secteur nord-est, qui présentait des avantages sérieux ; la ligne principale de résistance étant enlevée, l'attaque pouvait détruire la ville et l'arsenal à volonté.

Dans ce secteur, l'artillerie de l'attaque trouvait de bonnes positions auxquelles on arrivait défilé ainsi que des emplacements favorables pour l'observation ; les batteries étant dans le voisinage du chemin de fer, le ravitaillement en munitions qui constituait un gros problème à résoudre y était plus facile que partout ailleurs.

Des autres secteurs, celui de l'est était à écarter *a priori*, comme trop resserré ; de plus, appuyant un de ses flancs à la mer, il n'était pas à l'abri des tentatives que la flotte russe pouvait diriger contre lui.

Sur le front nord-ouest, il fallait enlever plusieurs ouvrages avancés avant d'arriver à la ligne principale de résistance ; le terrain des attaques était battu, au sud, par un certain nombre de batteries du front de mer, au nord, par des ouvrages du front nord-est. Il aurait donc fallu au moins une attaque secondaire dans ce secteur pour paralyser les ouvrages dangereux et les Japonais ne disposaient pas d'effectifs suffisants pour entreprendre les deux attaques en même temps.

Les débuts du siège. — Le 30 juillet, l'investissement fut établi sur la ligne : hauteurs au nord de Nan-pan-Kou, sud des monts Feng-ouang-Cheng, hauteurs au nord de Takouchan, baie de Taho.

Les Japonais essayèrent avec leurs grosses pièces d'atteindre la flotte russe dans le port ; plusieurs vaisseaux furent atteints, et cette insécurité détermina peut-être la flotte à hâter sa tentative de sortie qu'elle exécuta le 10 août et qui se termina par une destruction à peu près complète.

Le 8 août, la 11ᵉ division s'empara du Takouchan et le 9 août du Siaokouchan.

Au centre, l'assaillant s'établit sur les faibles hauteurs qui dominent Souichiyng, à courte distance, au nord.

A l'aile droite, les Japonais, pour resserrer l'investissement, enlevèrent la hauteur 160 le 13 août et la hauteur 164 ainsi que celles qui la prolongent au sud-ouest, le 15 août.

L'artillerie de siège commença à arriver le 9 août. Le chemin de fer étant interrompu à Chouang-taï-kou (16 kilomètres de la ligne des forts), on établit un parc d'artillerie en ce point, puis on construisit une ligne de rails à deux voies jusqu'à Tchou-kia-tun, prolongée ensuite jusqu'aux positions de batterie.

Le 18, au soir, l'artillerie de siège était prête. Les Russes avaient bien essayé de gêner les préparatifs, mais sans grand succès, pour deux raisons : d'abord, au delà de 4 000 mètres les shrapnels russes ne produisaient plus d'effet, ensuite leur approvisionnement trop faible ne leur permettait pas de soutenir longtemps un feu assez vif pour être efficace.

La grande masse de l'artillerie de siège battait le front nord-est de la place, depuis la route mandarine jusqu'au Takouchan.

Les positions de batterie, toutes à l'abri des vues de la défense, trouvaient des observatoires très favorables sur les hauteurs environnant le front d'attaque.

Le personnel était réparti, pour le service des batteries, de la manière suivante :

Brigade de marine :
- 2 batteries de canons de 12^{cm} ;
- Quelques batteries de 7^{cm}9 (15 canons) ;

Régiment d'artillerie à pied n° 1 :
- 1 bataillon, 4 batteries de 6 canons de 12^{cm} chacune ;
- 1 bataillon, 4 batteries de 4 pièces (obusiers de 15^{cm}) ;
  (Au nord-ouest de Houli'er.)

Régiment d'artillerie à pied n° 2 :
- 2 bataillons ayant chacun 4 batteries de 6 pièces (mortiers de 15^{cm}) ;
  (Au nord et à l'ouest de Takouchan à l'extrême aile gauche.)

Régiment d'artillerie à pied n° 3 :
- 1 bataillon :
  - 1 batterie de 4 canons de 10^{cm}5 ;
  - 1 batterie de 6 canons de 12^{cm} ;
  - 4 batteries de 6 pièces (mortiers de 9^{cm} ;
    (Au sud-est de Houli'er.)
- 1 bataillon, 4 batteries de 6 pièces (mortiers de 15^{cm} au sud de Lun-tou).

Un groupe d'obusiers de 12^{cm} de campagne (4 batteries de 4 pièces) prit position au nord-est de Souichiyng, le reste du régiment (3 batteries) se trouvant avec la 1re division.

Le réapprovisionnement en munitions s'opéra de la façon suivante : les munitions arrivant du Japon furent envoyées par chemin de fer de Dalny à Chouang-taï-kou, puis, plus tard, jusqu'à Tchou-kia-tun, où on installa un parc principal de munitions.

Pour faciliter la répartition et le remplacement des munitions, on poussa jusqu'à 1 ou 2 kilomètres de la ligne de feu de chaque régiment un ou deux dépôts intermédiaires renfermant 240 coups par pièce. Les munitions consommées étaient immédiatement remplacées par le parc principal. Chaque batterie avait son dépôt particulier dans des abris bien couverts à proximité des pièces ; pour chacune de celles-ci, il y avait 180 coups dans ces abris.

L'approvisionnement était constitué :

Pour les pièces à tir courbe, un tiers en shrapnels, deux tiers en obus ;

Pour les pièces à tir de plein fouet, moitié en shrapnels, moitié en obus.

Le général Natushima avait la conduite supérieure du feu ; on lui avait organisé sur une hauteur à 500 mètres sud-ouest de la cote 239 (Feng-ouang-tcheng) des postes d'observation et de commandement, reliés par téléphone avec des postes semblables pour les régiments d'artillerie et la brigade de marine : ceux-ci étaient reliés avec toutes les batteries sous leur direction, de telle manière que, le cas échéant, le commandant de l'artillerie de siège pût être relié directement avec chacune des batteries.

Toutes les batteries lourdes, y compris celles des canons et obusiers de 12^{cm}, employaient le tir indirect ; le feu était conduit par le commandant de batterie de son poste d'observation, au moyen du téléphone.

L'artillerie de siège comprenait au total 156 pièces d'un calibre supérieur à 9^{cm}, mais 88 seulement de 15^{cm} (canons ou obusiers) ; 16 obusiers Krupp de ce calibre pouvaient seuls être considérés comme des pièces modernes. Les autres étaient des pièces de modèles anciens et il n'y avait aucun calibre supérieur à 15^{cm}. Ces pièces anciennes ne pouvaient probablement pas tirer d'obus brisants ; leur action contre les ouvrages permanents pourvus d'abris en béton devait être nulle ; celle des 16 pièces plus modernes, d'un trop faible calibre, devait être faible.

Il était facile de prévoir que l'artillerie de l'attaque allait être insuffisante pour remplir la tâche qui lui incombait.

II

L'ATTAQUE BRUSQUÉE

Les Japonais, probablement influencés par le souvenir de la prise facile de Port-Arthur en 1894, peut-être aussi ne connaissant qu'incomplètement les travaux exécutés depuis le commencement de la guerre, résolurent de s'emparer de la place de vive force.

Ils dirigèrent leur attaque contre les redoutes 1 et 2, dont la prise permettait d'attaquer le Grand Nid d'Aigle et, si l'on réussissait, d'arriver de suite à bonne distance pour pouvoir détruire la ville, l'arsenal et les approvisionnements en vivres et en munitions pour les ouvrages des secteurs non attaqués.

L'attaque contre ces redoutes devait être menée de front, vu l'impossibilité de les tourner ; mais, en utilisant les plis du terrain, on pouvait échapper presque complètement à l'action des forts II et III.

Par contre on ne pouvait rien contre la protection de flanc assurée par certains ouvrages à l'ouest du Lounho.

Toutes les mesures furent subordonnées à l'enlèvement des redoutes 1 et 2. Pour assurer les flancs, la 1re division et l'aile droite de la 9e devaient enlever les ouvrages de circonstance de Souichiyng, la 11e division occuper l'ennemi sur son front. Enfin une attaque sur la montagne de l'Aigle devait tromper l'ennemi sur le point d'attaque réel.

Après avoir détruit pendant la nuit les réseaux de fils de fer qui défendaient les ouvrages de cette hauteur, on s'en empara le 20, après trois assauts, ainsi que du petit sommet formant la pointe nord-est de la longue montagne.

Dans le secteur d'attaque, la plus grande partie de l'artillerie de siège ouvrit le feu le 19, au point du jour, contre le front nord-est, pendant que quelques batteries, comme les jours précédents, tiraient sur la ville et sur le port.

Les résultats obtenus furent les suivants : contre la fortification, presque rien ; la batterie située sur le Grand Nid d'Aigle fut mise hors de service pour un certain temps ; quelques canons de petit calibre furent détruits, deux dépôts de munitions sautèrent. Dans la ville l'arsenal brûla ainsi que quelques dépôts de charbon.

Pendant cette première période, il n'y eut dans le secteur principal que des combats peu importants.

La redoute de la conduite d'eau fut canonnée par l'artillerie de campagne et les batteries de marine de $7^{cm}9$, de 1 heure à 3 heures de l'après-midi.

Appuyé par ce feu, un bataillon de la 18ᵉ brigade s'avança d'abord contre la tranchée en avant de l'ouvrage et utilisa à cet effet quelques cheminements. A 3 heures, la tranchée fut évacuée par sa faible garnison et occupée aussitôt par deux compagnies japonaises. Celles-ci, renforcées par deux autres, firent à 5 heures une tentative contre la redoute elle-même mais sans pouvoir s'en rendre maîtresses définitivement, car, le lendemain, elle était encore au pouvoir des Russes.

Dans la direction des redoutes du Temple, les Japonais s'avancèrent jusqu'à la lisière sud de Souichiyng.

Le 20, l'aile droite de cette 18ᵉ brigade partant de Wu-taï-chan et se portant vers le sud réussit à occuper les hauteurs de Pan-lung-chan.

Le 20, les buts principaux de l'artillerie de siège japonaise furent : le front nord-est, les ouvrages de Souichiyng et quelques ouvrages du front nord-ouest.

Plusieurs batteries russes du front nord-est eurent à souffrir et l'une d'elles, en arrière de la batterie A, dut cesser le feu momentanément.

Vers le soir, la 6ᵉ brigade reçut l'ordre d'enlever la redoute 1. Ses troupes avancées étaient déjà au pied des hauteurs, abritées, le gros, dans le voisinage du chemin de fer ; la 4ᵉ brigade de réserve, jusque-là tenue en arrière, devait suivre le mouvement. Pendant la nuit, les pionniers réussirent à pratiquer des chemins d'assaut dans le réseau inférieur de fils de fer et à s'approcher du second, encore éloigné de 80 pas de la tranchée.

Le gros de la brigade s'avança alors, mais fut découvert par les projecteurs russes et ne réussit à atteindre le pied de la hauteur qu'après avoir subi des pertes importantes.

Dès les premières heures du jour suivant, les redoutes 1 et 2, ainsi que quelques batteries de côte ayant de l'action sur le terrain en avant, furent battues par l'artillerie de siège.

A 4 heures du matin eut lieu le premier assaut, qui fut repoussé avec des pertes importantes. Jusqu'au 22, à midi, il y eut encore quatre assauts qui tous échouèrent devant le feu de l'infanterie et des mitrailleuses.

L'attaque put progresser, grâce à un événement peu important en lui-même. Vers midi, un sous-officier de pionniers et deux hommes réussirent, en rampant et courant alternativement, à atteindre la tranchée russe et à jeter une charge d'explosif dans l'abri d'une mitrailleuse dont le tir était très dangereux.

L'explosion détermina chez le défenseur un désarroi momentané que les Japonais utilisèrent pour tenter un nouvel assaut. Ils chassèrent la garnison de la tranchée et de la redoute 1 jusque dans la gorge.

Mais la troupe ainsi en pointe ne se maintint qu'avec peine contre le violent feu de mousqueterie et de mitrailleuses partant du retranchement chinois et de la redoute n° 2.

Pour redonner une nouvelle vigueur à l'assaut, on fit avancer la 4ᵉ brigade de réserve. Celle-ci souffrit tellement en gravissant la hauteur où se trouvait la redoute n° 1 qu'elle se retira presque complètement en désordre jusqu'aux couverts situés au pied des pentes. On parvint à la faire remonter en partie, mais sans pouvoir la reporter en avant.

Vers 2 heures de l'après-midi, un bataillon de la 18ᵉ brigade, envoyé comme renfort, s'avança par le ravin entre les deux redoutes. Le commandant du bataillon, voyant combien la 6ᵉ brigade souffrait du feu de la redoute n° 2, se décida aussitôt à lui donner l'assaut avec son bataillon. Bien protégées le long des pentes, les compagnies pénétrèrent presque sans tirer dans la redoute n° 2 et s'en emparèrent.

Pour pousser plus loin, il fallait de nouveaux renforts.

La dernière troupe disponible était une brigade de la division voisine, la 11ᵉ.

Mais elle n'était pas sur les lieux, et son entrée en ligne se fit tellement attendre que ce n'est que vers le soir que l'attaque put être poussée au delà des redoutes.

L'infanterie japonaise paraît avoir réussi à s'approcher tout près du mur chinois que quelques fractions franchirent, escaladant ensuite les pentes abruptes du Grand Nid d'Aigle.

Mais l'attaque, qui n'était plus alimentée, s'épuisa vite. Les Russes avaient reconnu qu'ils n'avaient rien à craindre dans les autres secteurs ; ils appelèrent toutes leurs réserves qui repoussèrent les Japonais ; ceux-ci purent cependant se maintenir dans les redoutes 1 et 2.

On voit immédiatement que l'attaque ne disposait pas de forces suffisantes puisque, après un premier succès, elle ne put continuer, faute de réserves.

Pendant ce temps, la 11ᵉ division avait tenté d'enlever la batterie B. Les troupes désignées pour l'assaut avaient détruit pendant la nuit les réseaux de fils de fer en avant de la batterie. La tranchée en avant fut enlevée le 21 à 8ʰ30 du matin ; mais le feu violent des Russes ne permit pas de la conserver.

L'attaque ne fut pas renouvelée parce qu'on avait voulu seulement occuper l'ennemi et que le succès ne pouvait être obtenu qu'au prix de pertes très importantes.

Le succès de l'attaque de vive force projetée se bornait à l'enlèvement des redoutes 1 et 2. Elle ne pouvait être renouvelée, faute d'infanterie disponible.

Les pertes des Japonais s'élevaient à 14 000 tués et blessés ; dans la 6ᵉ brigade, l'un des régiments n'avait plus que 2 officiers et 208 hommes, l'autre 2 officiers et 247 hommes.

Tel est le résumé des préparatifs et de l'exécution de l'attaque de vive force tentée les 21 et 22 août contre Port-Arthur.

Constatons, avant d'aller plus loin, qu'au moment où elle fut tentée, l'action de l'artillerie de siège sur les ouvrages permanents était nulle et que les abris de la garnison étaient intacts ; si quelques batteries avaient eu à souffrir, le feu des ouvrages attaqués (les redoutes 1 et 2) n'était même pas éteint et l'action de flanc exercée sur le terrain des attaques par le mur chinois d'une part, par les ouvrages à l'ouest du Lounho d'autre part n'avait en rien été entamée.

Si l'on ajoute que la position constituée par des tranchées et des ouvrages se dominant et se protégeant mutuellement était particulièrement forte, que la garnison, relativement nombreuse, comprenait des troupes russes aguerries et depuis longtemps dans le pays, on comprend que l'attaque tentée avec des forces insuffisantes et après une préparation trop sommaire de l'artillerie n'avait, malgré la bravoure admirable qui fut déployée par la 6ᵉ brigade japonaise, que peu de chances de réussir.

Voyons maintenant les appréciations émises sur les faits qui précèdent et les conclusions très différentes qui en ont été tirées.

Dans l'étude qu'il a consacrée au siège de Port-Arthur, l'État-major allemand fait suivre le récit de la tentative de vive force contre Port-Arthur des considérations suivantes :

« Des pertes aussi élevées auraient pu être évitées par une préparation d'artillerie plus longue et plus complète. En présence de la faiblesse et de l'insuffisance de l'artillerie, il fallait du temps pour obtenir le résultat. L'attaque eût alors pu réussir, car, dans la soirée du 21, la situation, d'après des sources dignes de foi, était tellement critique(¹) que l'on douta de pouvoir continuer la résistance. *Les combats du 20 et du 21 août sont de nature à faire accepter plutôt que rejeter l'emploi de l'attaque de vive force surtout lorsque l'assaillant dispose d'une forte supériorité en infanterie et en grosse artillerie et que les conditions particulières du défenseur paraissent la faciliter.* »

Enfin, citons encore les remarques ci-après qui font partie des considérations finales.

(¹) Nörregard, un témoin oculaire, qui suivait le siège dans le camp japonais, écrit ce qui suit en parlant de ces assauts :

« Il est difficile de dire ce qui serait arrivé, si certaines choses avaient tourné autrement et si les Japonais avaient obtenu certains avantages qu'ils pouvaient réaliser avec un peu de chance et une stratégie un peu meilleure.

« Mon opinion personnelle est qu'à un certain moment, les Japonais ont eu des chances de réussir et que la ligne de démarcation entre la victoire et la défaite fut pendant un moment vague et incertaine.

« Il me semble, et j'ai entendu mon opinion corroborée par des officiers russes qui avaient pris personnellement part à ces combats, que si les Japonais avaient pu faire avancer une force importante au moment où, le 22 août, ils venaient de chasser les Russes des forts de Panlung, et avaient exploité leur succès sans souci des pertes que les forts voisins pouvaient leur infliger, s'ils avaient lancé tous leurs régiments disponibles dans la brèche, trois ou quatre d'entre eux pour enlever Wantaï et les positions voisines pendant que le reste aurait marché sur le port, leurs efforts auraient pu être couronnés de succès. »

« L'attaque fut entreprise avec des moyens trop faibles. Au début, l'armée de siège était à peine supérieure en infanterie à la défense.

« Bien que les Japonais aient eu la possibilité de remplacer les hommes mis hors de combat, ce n'est qu'au mois de novembre, après l'arrivée de la 7e division, qu'ils eurent une supériorité marquée.

« La tentative des Japonais de prendre la place au mois d'août, par une attaque de vive force, échoua et il n'y a là rien de surprenant.

« Les conditions de réussite — fortification non à l'abri de l'assaut, garnison faible ou démoralisée, puissante préparation d'artillerie — n'étaient pas remplies.

« Et cependant, la situation du défenseur paraît avoir été pendant quelque temps assez critique, lorsque, après la prise des redoutes 1 et 2, les Japonais continuèrent leur attaque contre le mur chinois.

« Avec des forces plus nombreuses pour effectuer l'attaque, une rupture de la ligne de défense eût peut-être pu réussir.

« L'artillerie était dans une situation encore plus défavorable, comme nombre et comme calibre. Aucune pièce ne pouvait produire d'effet contre les ouvrages permanents; il était impossible de démoraliser l'infanterie et de préparer les brèches d'assaut.

« L'emploi de l'artillerie ne répondit pas à la conception moderne.

« Au début, on ne chercha pas à contrebattre et à détruire l'artillerie ennemie ayant de l'action sur le terrain d'attaque; on divisa le feu en le répartissant entre la ville, le port et la position de la défense

« Avant les assauts, on le concentra sur le point choisi pour l'assaut, mais sans tenir suffisamment compte du feu qui pouvait provenir des ouvrages voisins.

« Par suite, les assauts eurent à souffrir d'un feu d'écharpe.

« L'organisation en profondeur de la position de défense, favorisée d'une manière particulière par le terrain, se montra très avantageuse; de cette manière, toutes les lignes en arrière soutiennent efficacement les ouvrages attaqués et empêchent de les entourer ou de les attaquer par la gorge. »

Voyons maintenant les idées du lieutenant-colonel de Frobenius, en ne prenant que la partie de ses critiques qui se rapporte aux assauts des 20 et 21 août.

Il cherche d'abord à fixer les conditions de la fortification et de l'armement au moment de la tentative, et il dit : « Les Japonais projetèrent de pénétrer par l'intervalle entre les forts II et III, d'envelopper le fort II et de s'en emparer au moyen d'une attaque enveloppante. Cet intervalle mesure à peine 1^{km}500, mais la nature du terrain empêche les forts de le battre complètement : sa défense incombe plutôt à la ligne des batteries en arrière et à l'ouvrage de repli Wan-Taï (établi sur la hauteur appelée le Grand Nid d'Aigle).

« Traversé par cinq ravins profondément encaissés, le terrain intermédiaire se partage en quatre arêtes étroites ; les deux du milieu portent les redoutes 1 et 2 ; les deux autres étaient couronnées par les ouvrages intermédiaires P et G (points d'appui formés de tranchées).

« Quel était le caractère de ces redoutes ? Nörregard, qui les connaît pour les avoir vues, dit : « En réalité, ce n'était pas autre « chose que de fortes positions d'infanterie, en fortification passa- « gère, armées de quelques canons de campagne. Elles n'avaient « pas comme Erlung (fort III) des tranchées ou d'autres ouvrages « avancés. Un faible réseau de fils de fer constituait le seul obstacle « à l'assaillant, qui, sans cela, pouvait arriver sans difficulté jusqu'au « fossé. A l'intérieur, on avait organisé des couverts, sans lesquels « la garnison n'aurait pas pu supporter le bombardement con- « tinu. »

« Quelles forces d'artillerie l'assaillant a-t-il fait agir contre ces faibles retranchements ?

« Le 18 août, au soir, il y avait en batterie contre le front nord-est : 88 pièces de 15^{cm} (canons, obusiers ou mortiers) et 62 de 12^{cm}.

« Il faut avouer que cette artillerie aurait été trop faible pour l'attaque d'une place moderne avec cuirassements et constructions en béton, et que pour détruire ses batteries, il faudrait employer des pièces plus puissantes.

« Mais ici, il ne s'agissait que de détruire des retranchements de fortune et non des ouvrages permanents. Et même s'il s'était agi de détruire les deux forts, les pièces de 15^{cm}, d'après les idées admises dans l'artillerie jusqu'en 1904, étaient en état de percer les épaisseurs de béton, évaluées à 1ᵐ 20 seulement.

« On comprend donc difficilement que, maintenant que ce calibre s'est montré insuffisant, on reproche aux Japonais de s'être présentés devant Port-Arthur avec un matériel trop peu puissant et de s'être exagéré la puissance de leur artillerie. Voilà bien le résultat contre lequel les ingénieurs ont si souvent prémuni les artilleurs en leur conseillant de ne pas prendre trop de responsabilité pour eux, par la prétention de pouvoir, à peine déployés, chasser les garnisons des ouvrages dont ils rendraient le séjour intenable.

« Ces prétentions, qui ont amené les Japonais à mettre trop de confiance dans leur artillerie, ont maintenant disparu, car leur néant est démontré, mais, à leur place, on en voit formuler d'autres tout aussi dangereuses : « Avec des canons plus puissants « nous tiendrons notre promesse. » Et cependant, Port-Arthur devrait inviter à plus de prudence.

« Ainsi, une artillerie, *très importante pour l'attaque de faibles retranchements provisoires*, commença, le 19 août, à canonner le front d'attaque, principalement les deux redoutes.

« L'effet contre les retranchements ne fut pas grand, dit le grand État-major, le principal résultat fut que la batterie Wantaï (sur le Grand Nid d'Aigle) fut mise hors de service pour longtemps, que quelques pièces de petit calibre furent détruites, et deux magasins à munitions firent explosion.

« Contrairement à ce qui précède, l'ouvrage de l'état-major autrichien dit :

« Les renseignements envoyés par les observateurs au corps de siège s'accordaient à donner comme presque détruits les forts II et III ainsi qu'un nouveau fort intermédiaire.

« Cet ouvrage décrit encore, d'après Nörregard, l'impression produite par le feu : sans relâche, depuis le point du jour jusqu'à la tombée de la nuit, le feu continuait sans arrêt. Le feu faisait rage surtout contre les forts II et III, juste devant nous. Nous pouvions voir les murs tomber sous le feu incessant des Japonais. Les lignes droites et les arêtes vives disparaissaient peu à peu, et les forts passaient de plus en plus à l'état de masses informes, tandis que les glacis prenaient l'aspect d'une garenne à lapins.

« L'effet était donc en apparence très important et les Japonais pouvaient s'en réjouir. Comme sur les champs de tir et comme autour de Strasbourg, à la vue des murs détruits, on arriva à penser que la destruction était complète et que la résistance était impossible.

« Les ingénieurs ont toujours mis en garde contre cette impression et rappelé les exemples où la défense avait puisé sa force dans ces masses de débris.

« Le grand État-major n'aurait pas dû négliger ces faits, car l'avertissement en question me paraît fortement confirmé par Port-Arthur. »

L'auteur rapporte ensuite, en adoptant le récit de l'État-major allemand, les assauts des 20 et 21 août et 22 jusqu'à midi, et il fait suivre cet exposé des observations suivantes :

« Il est à remarquer tout d'abord que même l'ouvrage de l'État-major convient que tous les assauts ont échoué et le fait ressortir en l'imprimant en plus gros caractères. Et cependant, les circonstances étaient tellement favorables qu'on en trouvera rarement de semblables. La canonnade bien dirigée, de quarante-huit heures, par une artillerie presque trop forte pour des ouvrages de circonstance, devait avoir détruit les deux redoutes ; leur garnison, si elle était encore en vie, devait, au moins dans les idées d'alors, être fortement ébranlée, enfermée dans ses abris, dont les issues étaient, sans doute, barrées par les décombres. D'après les idées en cours dans l'artillerie, on pouvait à peine admettre que cette garnison affaiblie moralement et physiquement pût résister à une attaque de vive force, si celle-ci n'était pas commencée de trop loin. Or, précisément, sous ce rapport, les circonstances étaient très favorables. Un profond ravin partant du pied de la hauteur de la redoute n° 1 permettait aux troupes d'assaut de se rassembler, presque complètement à l'abri du feu, à 110 mètres des ouvrages russes. La nature leur offrait ainsi une position préparatoire à l'assaut, si voisine de l'objectif qu'on n'en avait pas encore imaginé de semblable.

« La première attaque, particularité à ne pas perdre de vue, fut exécutée par tout le régiment n° 7 : le 1er bataillon contre la redoute n° 1, le 2e le protégeant contre l'ouvrage P, le 3e formant réserve pour le 1er.

« Partant de l'embouchure de la Donga, raconte Nörregard, le 1ᵉʳ bataillon se jeta sur l'ennemi. Mais, en franchissant le terrain libre, et surtout quand il eut à avancer par les étroites ouvertures pratiquées dans les réseaux de fils de fer (presque tout le détachement de pionniers chargé de pratiquer des chemins d'assaut, pendant la nuit, avait été détruit par le feu et son œuvre avait été insuffisante), l'assaillant fut exposé à un feu terrible venant des forts (les Japonais donnaient ce nom à tous les ouvrages sans distinction).

« Les forts II et III, l'ouvrage P, les batteries en arrière croisaient leur feu sur ce bataillon, le réduisant en miettes. Ce qui ne resta pas étendu sur place s'enfuit en désordre vers la Donga, mais la plupart des hommes s'affaissèrent en chemin.

« Un petit détachement trouva, à ce moment, un abri supportable dans des tranchées abandonnées.

« Le bataillon de réserve, qui s'avança alors à l'assaut, eut le même sort : le commandant du régiment tomba à sa tête. Le 3ᵉ bataillon se terra face à l'ouvrage P, attirant sur lui le feu de cet ouvrage, et soulageant d'autant les colonnes d'assaut. L'autre régiment de la 6ᵉ brigade (n° 35) se porta alors à l'assaut, sans obtenir aucun succès, et son dernier assaut, de nuit, échoua comme on l'a dit, arrêté par le feu de l'infanterie et des mitrailleuses, car le terrain était éclairé par des projecteurs et des fusées qui aveuglaient les hommes.

« Malgré cela, la redoute n° 2 fut prise le 22. »

Le lieutenant-colonel de Frobenius rectifie et complète l'incident des pionniers qui lancèrent une charge d'explosif dans l'abri d'une mitrailleuse, déterminant un nouvel assaut.

Il dit à ce sujet :

« Ainsi que nous l'avons vu, lors de la première attaque du 7ᵉ régiment, cinquante à soixante hommes avaient trouvé à s'abriter dans une tranchée abandonnée, à proximité de la redoute. Pendant l'attaque suivante, une vingtaine de pionniers et quelques hommes du 35ᵉ régiment s'étaient joints à eux. Naturellement, ils ne tirèrent pas (la relation autrichienne l'indique), se tinrent tranquilles, échappant ainsi à l'attention de l'ennemi.

« Ils ne pouvaient pas avancer car ils auraient été aussitôt découverts et criblés de balles. Ils passèrent ainsi la journée du 21 et la nuit du 22, espérant toujours être délivrés par un succès de leurs camarades. Lorsque, le 22, ils virent qu'aucune attaque ne se produisait, la faim, la soif et le désespoir les poussèrent à cette folie de se jeter sur la garnison russe qui ne s'attendait pas à une attaque et n'était pas prête à faire feu.

« Les pionniers, qui étaient en tête, réussirent, en ne subissant que de faibles pertes, à escalader la plongée. Ils jetèrent leurs cartouches de dynamite dans les abris à l'épreuve qui furent en partie détruits et firent sauter un canon Maxim.

« Les hommes du 7° régiment suivaient de près, mais bientôt les Russes se reprirent, les balles sifflèrent au milieu des assaillants et les canons des forts commencèrent à diriger leur feu sur eux ; les Japonais firent halte et se sauvèrent.

« A ce moment, un jeune officier sauva la situation désespérée, par une action héroïque. Pendant que les autres s'enfuyaient, il sauta avec deux hommes restés près de lui sur le parapet et y planta un petit drapeau japonais.

« Nous pouvions le voir parfaitement, raconte Nörregard, appeler ses hommes et leur montrer le drapeau. Ceux-ci durent entendre ses appels, car nous les vîmes s'arrêter et faire demi-tour.

« Pour la deuxième fois, ils s'élancèrent sur le glacis sous un feu épouvantable, et cette fois, rien ne put les arrêter ; plusieurs tombèrent, mais le reste continua et atteignit la plongée où flottait le drapeau sur le corps du brave officier.

« C'était, on le voit, des circonstances extraordinaires qui favorisèrent ce mouvement en avant si téméraire, et déterminèrent le commandement, au moment même où il désespérait du succès, à lancer de nouvelles troupes à l'assaut. C'est un deuxième coup du hasard qui fit que le bois des abris de la redoute n° 2 fut incendié par un obus japonais et que le feu, en s'étendant à tout l'ouvrage, détermina un tel désarroi qu'un commandant de bataillon japonais, utilisant habilement les circonstances, put s'emparer sans grande peine de l'ouvrage ; le terrain en avant de la redoute n° 1 cessa dès lors d'être battu.

« Malgré cela, le combat dans cette redoute dura jusqu'à 6 heures du soir, et il est probable que les Japonais n'auraient pas obtenu leur succès si toutes ces circonstances favorables ne s'étaient trouvées réunies.

« En tout cas, il est bien imprudent de tirer de là la conclusion que nous lisons dans l'ouvrage du grand État-major, que les combats des 20 et 21 (lire 21 et 22) août sont de nature à faire accepter plutôt que de rejeter l'emploi de l'attaque de vive force, surtout lorsque l'assaillant dispose d'une forte supériorité en infanterie et en grosse artillerie, et que les conditions particulières du défenseur paraissent la faciliter.

« La conclusion, bien qu'affaiblie par la fin de la phrase, est déconcertante et ne peut se comprendre que si l'on se rappelle la tendance de l'étude n° IV, et l'article du premier lieutenant Ludwig : *L'assaut dans la guerre de forteresse*, où l'on préfère l'attaque de vive force à l'attaque pied à pied et où l'on veut augmenter la confiance de l'infanterie dans son artillerie, qui serait en mesure de briser complètement la force du défenseur.

« Cependant l'étude de l'État-major cherche à affaiblir l'impression que des pertes pareilles (14 000 hommes) ne peuvent manquer de produire et qui devraient faire reculer devant des tentatives semblables. »

« L'auteur dit en effet : « Des pertes si élevées auraient sans « doute pu être évitées par une préparation d'artillerie plus lon- « gue et poussée plus à fond. »

Résumant ensuite son opinion sur l'action de l'artillerie pendant le siège de Port-Arthur, le colonel de Frobenius écrit :

« Enfin, l'histoire du siège proteste contre l'opinion de l'auteur; car l'artillerie ne répondit nullement à l'attente que ses opinions antérieures nous avaient fait concevoir. Elle n'a pu ni chasser les garnisons des ouvrages aussi bien de campagne que permanents, ni empêcher les canons de siège de prendre une part active à la défense, ni détruire d'une façon notable les abris [bien qu'on ait employé une pièce d'un calibre qui n'avait encore paru devant aucune forteresse (¹)], ou rendre leur séjour intenable.

« L'artillerie n'a pu détruire les obstacles s'opposant à l'approche, ni empêcher la garnison des ouvrages d'être prête en temps pour repousser les attaques, soit de jour, soit de nuit, bien qu'elle ait montré beaucoup d'habileté à coopérer avec l'infanterie dont

---

(¹) Les obusiers de 28ᶜᵐ auxquels il est fait allusion n'entrèrent en action qu'après les assauts des 20 et 21 août.

elle accompagna la marche d'approche jusqu'au dernier moment, et qu'elle soutînt au combat par ses shrapnels. Elle n'a pas rempli une seule de ces missions et c'est avec raison que le lieutenant-colonel Schrader a pu dire : *L'artillerie a fait faillite.* »

III

OBSERVATIONS ET CONCLUSIONS

Tout d'abord, les critiques que nous venons de reproduire nous paraissent contenir un certain nombre d'appréciations quelque peu entachées d'erreur, qu'il est bon de signaler.

L'auteur paraît admettre que l'artillerie du front d'attaque était plutôt trop forte, puisqu'il dit : « Une artillerie *très importante pour l'attaque* de faibles retranchements provisoires commença, le 19 août, à canonner le front d'attaque, principalement les deux redoutes. » Malgré cela, il reproche à l'artillerie de n'avoir pu remplir aucune des missions qui lui incombaient, chasser les garnisons des ouvrages, détruire les abris, etc.

Il semble cependant naturel de penser que si l'artillerie n'a pas rempli ces missions, c'est précisément parce que sa force était insuffisante et elle l'était, en effet, à la fois comme nombre et comme calibre des bouches à feu.

Cette artillerie pouvait être assez forte pour l'attaque des faibles retranchements provisoires constitués par les redoutes n°s 1 et 2. Mais ces redoutes ne formaient pas, à elles seules, le point d'attaque.

Limiter l'attaque à ces redoutes, c'était laisser la pointe du couteau se perdre dans les plis du vêtement au lieu de frapper au cœur.

Les Japonais, du reste, s'en rendaient bien compte, et ils avaient l'intention de pousser plus loin.

Mais pour permettre à l'assaillant de briser la ligne de résistance de la place et d'arriver aux œuvres vives, l'attaque devait englober les forts II et III, tous les ouvrages intermédiaires et l'artillerie de siège devait pouvoir dominer et faire taire, pendant les assauts successifs, les ouvrages en arrière ainsi que les ouvrages des secteurs voisins qui avaient de l'action sur le terrain à franchir.

Au moment où les Japonais entamèrent leur action, les parapets des forts II et III avaient seuls souffert, mais leurs abris et leurs organes de flanquement étaient indemnes et ces derniers prêts à entrer en action ; le feu des ouvrages en arrière n'était nullement éteint (sauf une seule batterie) et l'action d'écharpe des secteurs voisins était intacte.

On voit combien la préparation d'artillerie était insuffisante.

En réalité, les moyens mis en action pour cette préparation ne permettaient, ni par le nombre des pièces, ni par leur calibre, d'obtenir rapidement le résultat cherché, et de ce fait seul, l'attaque de l'infanterie contenait des germes sérieux d'insuccès.

Mais cette infanterie elle-même était beaucoup trop faible. Elle suffit tout juste à enlever les redoutes n°s 1 et 2 ; or, ce n'était que le commencement.

Pour produire réellement la rupture de la ligne de défense, il fallait pouvoir emporter les forts II et III et les ouvrages intermédiaires.

Nous venons de voir qu'ils étaient en état de résister et de jouer parfaitement leur rôle dans la défense ; les ouvrages en arrière et ceux des secteurs voisins continuaient à battre le terrain des approches.

Malgré des conditions aussi défavorables, l'infanterie de l'attaque était à peine supérieure à celle de la défense ; dans le secteur nord-est, elle fut consommée en entier, après avoir enlevé les redoutes n°s 1 et 2.

Faute de réserves pour l'alimenter, l'attaque dut s'arrêter presque au début de son action ; faute d'infanterie également, les attaques dans les secteurs voisins, qui auraient dû immobiliser la défense en la menaçant sérieusement, furent si peu efficaces que les Russes eurent vite fait de reconnaître qu'elles n'étaient nullement dangereuses et qu'ils purent concentrer toutes leurs réserves dans le secteur nord-est ; avec des forces suffisantes sur tout le pourtour de la place, les Japonais auraient empêché cette concentration qui, seule, mit fin à la situation critique que nous avons signalée dans le cours du récit.

Les communications en arrière étaient également insuffisantes ;

les transports par mer ont pour limite la capacité des navires constituant la flotte de transport ; à ce point de vue, les Japonais étaient bien pourvus.

Mais le propre des transports par mer est d'amener par à-coups le matériel dont on a besoin, d'exiger un déchargement avec reconnaissance des colis et un rechargement sur wagons, toutes opérations qui influent défavorablement sur la rapidité et la régularité des transports.

Aussi, bien que les Japonais aient amené un matériel qui s'est montré très insuffisant, ils eurent de la peine à assurer un ravitaillement régulier en munitions. S'ils avaient voulu amener un matériel d'artillerie capable de préparer efficacement l'attaque brusquée, ils n'auraient pas pu.

Il faut reconnaître d'ailleurs que leurs canons, presque tous d'anciens modèles et par suite tirant lentement, se prêtaient mal à la préparation d'une attaque brusquée.

Quand on veut produire les destructions suffisantes pour pouvoir donner l'assaut avec chance de succès, il faut, quel que soit le mode d'attaque employé et en supposant le tir également bien conduit dans tous les cas, un certain poids de munitions qui ne varie guère.

Si les canons tirent lentement, il faut, ou beaucoup de temps, ce qui exclut l'attaque brusquée, ou un très grand nombre de canons, ce qui augmente considérablement les transports.

Avec les canons, même de moyen calibre, à tir rapide et tirant sans plate-forme, la question des transports se trouve considérablement simplifiée et devient abordable, surtout si l'on dispose d'une ligne ferrée à deux voies capables d'un grand rendement.

Le nombre des canons à employer pour tirer le poids énorme des munitions qui sont nécessaires reste dans une limite convenable ; les plates-formes sont en grande partie supprimées et tout l'effort se trouve presque uniquement reporté sur le transport des munitions qui peuvent alors être amenées en quantité suffisante pour faire face à l'énorme consommation à faire dans un temps très court.

Celui qui tente une attaque brusquée ne peut, en effet, avoir la prétention de prendre une place plus rapidement que par un siège régulier, en ne disposant que des *mêmes moyens*.

Pour prendre une place plus vite, il faut naturellement employer des moyens très supérieurs et, malgré cela, consentir à supporter, dans le peu de temps que durera l'attaque, des pertes en hommes et des consommations en munitions presque équivalentes à celles du siège régulier.

Ces pertes en hommes et ces consommations en munitions seront très probablement inférieures à celles du siège régulier, parce que la défense ne peut plus, entre deux assauts, se reprendre et réparer les dommages causés précédemment, ce qui nécessite pour l'assaillant la répétition des mêmes efforts.

Si l'on compare l'attaque brusquée et le siège régulier, le résultat cherché ou le produit est le même.

On se propose seulement de faire varier l'importance relative des facteurs à mettre en œuvre : temps, moyens d'action.

Dans l'une on consent à employer quatre corps d'armée, par exemple, pour prendre la place en un mois ou six semaines, tandis qu'avec l'autre, on pourrait se contenter d'un ou deux corps d'armée employés pendant quatre mois.

Pour savoir si l'on doit employer l'attaque brusquée ou le siège régulier, il faut se poser deux questions :

Y a-t-il avantage à employer l'attaque brusquée ?

S'il y a avantage, est-elle possible ?

La solution à adopter dépendra de la réponse que l'on peut faire à ces deux questions en tenant compte des conditions générales des troupes opposées sur le théâtre d'opérations et des moyens particuliers (temps, troupes et parc de siège) que l'on peut consacrer à la prise de la place considérée.

L'importance de la place sur les opérations d'ensemble est variable, mais, en général, il sera avantageux, si l'on a les moyens suffisants, de tenter l'attaque brusquée.

La prise rapide d'une grande place forte est de nature à avoir une portée morale considérable qui fait sentir son influence sur toutes les opérations.

De plus, les troupes de siège deviennent disponibles complètement, au grand bénéfice des armées de campagne ; on peut rétablir les communications interceptées par la place et faciliter singulièrement les ravitaillements.

Pour toutes ces raisons, les opérations peuvent prendre une

allure décisive qui, en abrégeant la durée de la guerre, diminue finalement les pertes totales des deux partis.

L'opération est-elle possible ?

Évidemment elle ne le sera pas toujours.

En analysant la préparation et l'exécution de l'attaque des 20 et 21 août, nous avons reconnu : 1° l'insuffisance de la préparation par l'artillerie, le nombre et le calibre des bouches à feu employées ne permettant pas de détruire rapidement l'action des ouvrages de la place ;

2° L'insuffisance numérique de l'infanterie de l'attaque, aussi bien sur les fronts secondaires que sur le front d'attaque.

L'insuffisance de l'attaque sur les fronts secondaires permit aux Russes de faire venir toutes leurs réserves dans le secteur nord-est, alors que l'infanterie japonaise, déjà insuffisante se trouva consommée après l'enlèvement des redoutes n°s 1 et 2 et ne put rien contre les ouvrages en arrière ;

3° L'insuffisance des communications qui n'aurait pas permis aux Japonais, même s'ils l'avaient voulu, d'amener devant la place et de ravitailler une artillerie suffisante pour effectuer rapidement la préparation qui lui incombait.

Pour que l'attaque brusquée soit possible, il faut donc remplir les conditions que l'attaque de Port-Arthur n'a pu réaliser.

Il faudra disposer d'une ligne à deux voies sans interruption, depuis la mère patrie jusqu'au voisinage immédiat de la place, la station terminus pouvant être facilement aménagée pour des débarquements importants et simultanés.

Il faudra disposer d'un parc d'artillerie de siège d'une composition convenable, comme nombre, calibre et nature des bouches à feu, qui permette de dominer rapidement l'artillerie de la défense et d'effectuer les destructions nécessaires dans un temps réduit.

Nous avons vu que dans cet ordre d'idées, l'adoption de bouches à feu de siège à tir rapide et pouvant tirer sans plates-formes était de nature à simplifier considérablement le problème, en permettant de tirer avec un nombre limité de bouches à feu toutes les munitions qui auraient été consommées en plusieurs mois et en permettant de déplacer presque instantanément l'artillerie pour assurer le terrain conquis et passer sans interruption d'une attaque à l'autre.

Enfin il faut avoir une très grande supériorité en infanterie, afin de pouvoir attaquer en même temps sur tout le pourtour de la place et de manière que les attaques successives puissent être entamées avec des troupes fraîches dès qu'elles sont rendues possibles par une préparation d'artillerie suffisante.

Le colonel de Frobenius s'élève contre des opérations comme celles des Japonais contre Port-Arthur, les 20 et 21 août, en raison des pertes qu'elles entraînent.

Il est bien vrai que dans ces deux jours, les troupes d'attaque ont perdu 14 000 hommes.

Mais le siège se prolongeant pendant six mois n'a pas coûté moins de 80 000 hommes mis hors de combat aux assiégeants.

Il est clair que si, dans ces deux journées, les Japonais avaient disposé de troupes quatre ou cinq fois supérieures, ils auraient pu renouveler leurs attaques avec des troupes fraîches jusqu'à ce que la garnison, qui s'est trouvée déjà dans une situation critique, fût submergée.

Avec une préparation d'artillerie plus complète, ils auraient eu de grandes chances de succès, lequel aurait pu être obtenu avec des pertes probablement bien inférieures à celles qui ont été causées par la prolongation du siège.

Les places fortes européennes comparées à Port-Arthur présentent des éléments de résistance supérieurs et aussi des causes de faiblesse.

Leurs fortifications permanentes sont terminées et les abris sont bien plus forts que ceux de Port-Arthur ; leur armement est plus moderne.

Mais l'artillerie de l'attaque aussi sera plus forte, ce qui contre-balance ce dernier avantage.

Par contre, les garnisons seront loin de présenter la consistance et la force numérique de la garnison de Port-Arthur ; de plus, elles ne disposeront pas de six mois après la déclaration de guerre pour compléter l'organisation de la place.

Pour nous, malgré l'insuccès des Japonais les 20 et 21 août 1904, insuccès causé par les raisons développées plus haut, l'attaque brusquée des places fortes, même modernes, est possible :

1° Si on dispose au moins d'une ligne ferrée à deux voies, à grand rendement, amenant le matériel à proximité immédiate de la place ;

2° Si le parc d'artillerie de siège comprend des calibres suffisants pour détruire les abris et des calibres moyens (de 15^{cm}) à tir rapide et pouvant tirer sans plates-formes ;

3° Si l'on dispose d'une force d'infanterie très supérieure à la garnison.

Ces conditions indispensables devront d'ailleurs être complétées par la collaboration étroite de toutes les armes et de tous les services en vue du but à atteindre ; le génie notamment, pour être employé peut-être autrement que dans un siège régulier, n'en aura pas moins une tâche importante à remplir avant que les colonnes d'assaut soient lancées.

C'est lui qui détruira la nuit les réseaux de fils de fer, c'est lui qui reconnaîtra l'état des organes de flanquement, détruira ceux que l'artillerie n'a pu atteindre ou enfumera leurs défenseurs.

Pour remplir son rôle, il devra non seulement avoir un personnel nombreux, instruit et énergique, mais de plus, être doté de tous les perfectionnements que la science met chaque jour à la disposition des armées modernes. Les pionniers japonais ont largement payé leur tribut au succès de leur armée ; on peut prévoir qu'il en sera de même à l'avenir.

Une attaque exécutée avec les moyens et dans les conditions que nous venons d'indiquer n'a pas encore été tentée.

Mais elle peut l'être, et, pour éviter des surprises, il sera prudent de faire entrer cette éventualité en ligne de compte dans l'organisation des places et dans la constitution de leurs garnisons de guerre.

———:o:———

Nancy, impr. Berger-Levrault et Cie

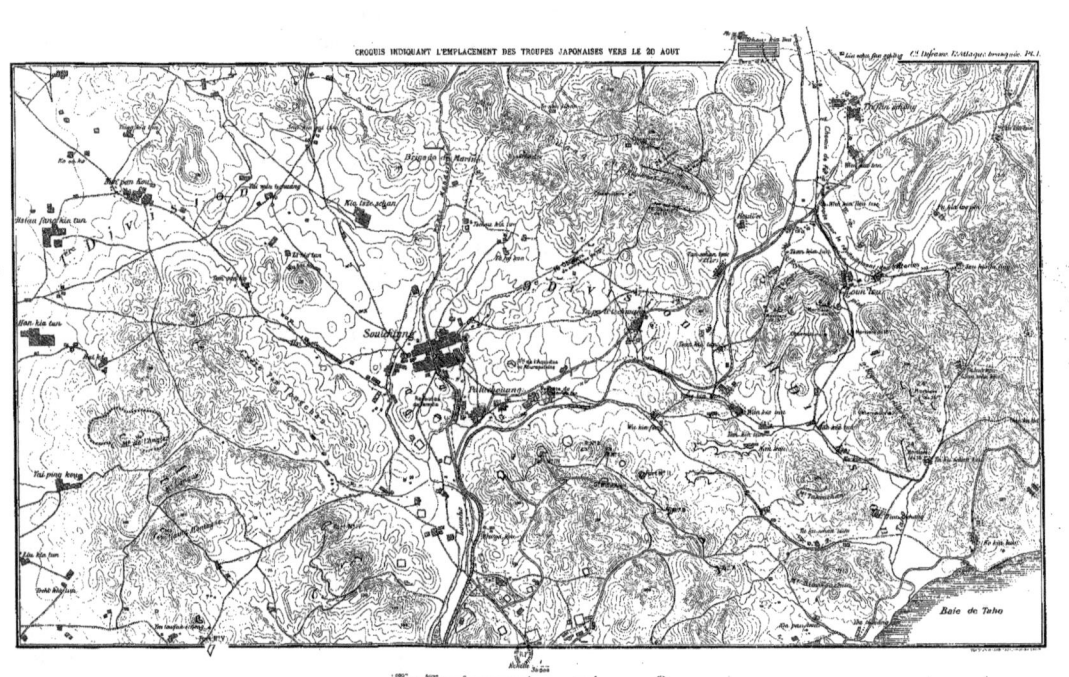

TRAVAUX DU SIÈGE DE PORT-ARTHUR

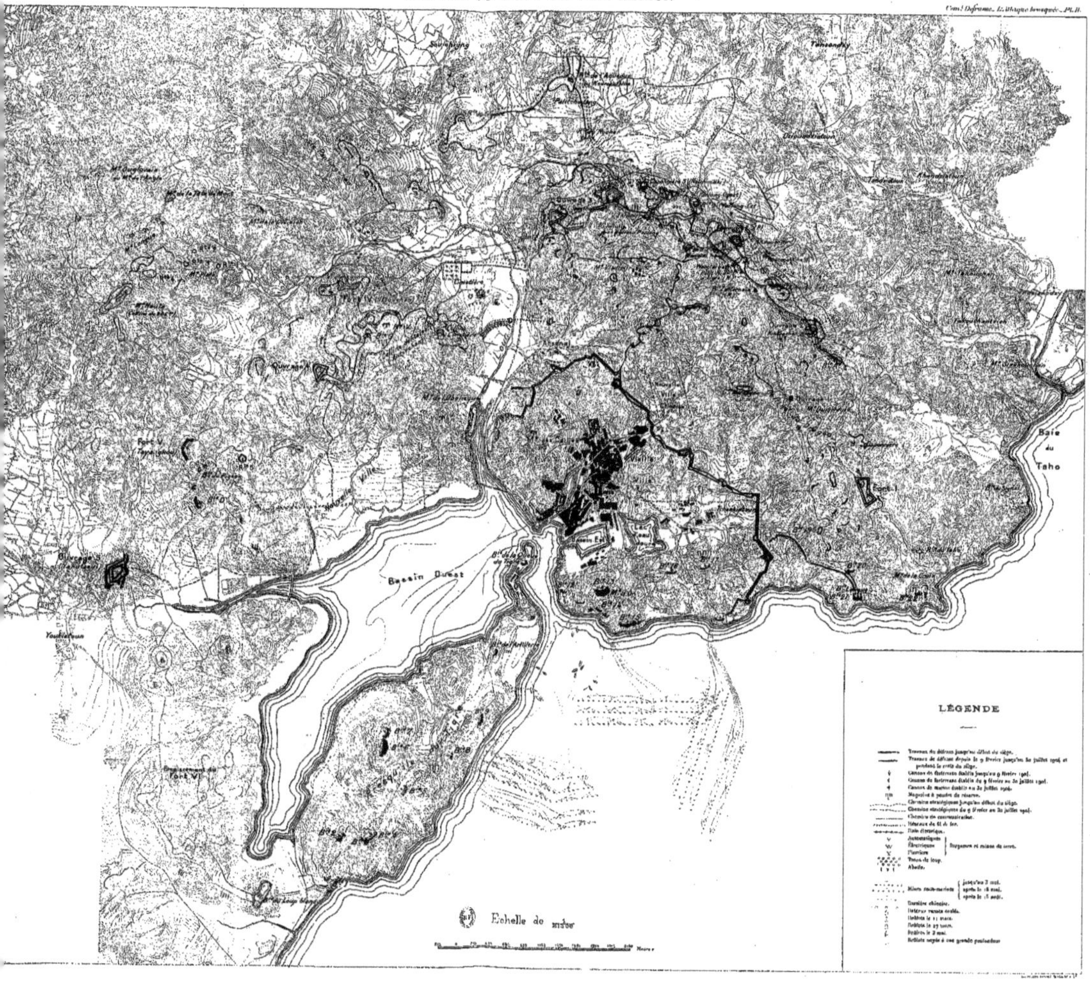

www.ingramcontent.com/pod-product-compliance
Lightning Source LLC
Chambersburg PA
CBHW060908050426
42453CB00010B/1598